Pat

Pourquoi faut-il mourir un jour ?

LES ESSENTIELS MILAN JUNIOR

Sommaire

Introduction

- 3 enfants, 3 histoires, 3 morts 6-7

La mort dans l'histoire

- Préhistoire : les premières sépultures 8-9
- La vie après la mort chez les pharaons 10-11
- La mythologie, les dieux et la mort 12-13
- La mort chez les juifs, les chrétiens,
les musulmans 14-15

La mort dans le monde

- Asie et Océanie : la mort, c'est sacré ! 16-17
- Les superstitions des peuples d'Amérique 18-19
- En Afrique : esprits et sortilèges 20-21
- Comment fête-t-on les morts ? 22
- La mort vue par le cinéma 23

La mort fait partie de la vie

- La mort, c'est naturel ! 24-25
- Tu as perdu une personne aimée 26-27
- Lui dire au revoir une dernière fois 28-29
- Ta souffrance au fond du cœur 30-31
- Les mots et les gestes pour te consoler 32-33

Pour les plus curieux

- Quiz 34
- Pour t'aider dans ton exposé 35
- Pour aller plus loin 36
- Index 37
- Réponses au quiz 37

3 enfants, 3 histoires, 3 morts

L'oiseau tombé du nid

" Je me promenais avec mon père quand j'ai vu l'oiseau dans l'herbe, près de l'arbre. "Vite, il faut le ramasser !" Papa l'a pris doucement. Il paraissait bien petit dans sa main ! À la maison, l'oiseau ne bougeait plus du tout. J'ai bien essayé de lui mettre une goutte d'eau sur son bec. Aucune réaction ! Papa m'a dit : "Il est mort ! Mais ne sois pas triste, Arthur, cet oiseau était gravement blessé. Il ne souffrira plus." Nous avons décidé de l'enterrer. Souvent, je pense à lui. »

Arthur, 10 ans.

J'ai de la peine pour Louis

❝ J'ai demandé à Louis ce qu'il avait à pleurer comme ça, mais il n'arrivait pas à parler. Pourtant, Louis, c'est un dur ! Jamais une larme, même quand il reçoit des coups de pied dans les tibias. La maîtresse est arrivée aussitôt. Louis a réussi à dire : "C'est mon chien, il est mort !" J'ai eu de la peine car mon copain Louis, je l'aime bien ! » **Célia, 9 ans.**

Quand ma grand-mère est morte

❝ En rentrant de l'école, j'ai compris que quelque chose de grave était arrivé. Il faut dire que mon oncle et ma tante étaient chez moi. Ma grand-mère vivait chez nous depuis qu'elle était très malade. Ma mère m'a regardée en pleurant. J'attendais qu'elle me raconte. En même temps, je ne voulais pas savoir. Je n'ai pas pu pleurer. Pas tout de suite… » **Juliette, 12 ans.**

La mort nous attend tous. C'est normal de trouver cela terrible, surtout la mort d'un proche ! Tu as peut-être déjà vécu cette triste expérience en perdant un animal familier ? Sache que depuis la nuit des temps, la mort a suscité des questionnements, des peurs. Mais elle a pu aussi être perçue comme un passage vers autre chose ou être affrontée plus sereinement.

Préhistoire : les premières sépultures

On a retrouvé en France des sépultures vieilles de 80 000 ans ! Près des corps, des offrandes (outils en pierre taillée, cornes de bouquetins, pétales de fleurs). Question de croyance ?

L'homme de Néandertal enterrait ses morts

En 1908, des abbés découvrent un squelette dans une grotte, à la Chapelle-aux-Saints, en Corrèze. Un squelette dans une tombe ! Il s'agit d'une fosse de 1,40 m sur 1 m et profonde de 30 cm. Le corps, inhumé il y a 45 000 ans, est couché les jambes repliées ; près de lui, une patte de bovidé. L'année suivante, en Dordogne, on découvre une série de monticules qui représentent le plus ancien cimetière connu. Dès la préhistoire, on constate donc un respect de la dépouille. Les offrandes laissent supposer un sentiment religieux.

Le peuple des fleurs

À Shanidar (Irak) se trouve une grotte où s'abritent les bergers de la région. Une fouille y découvre un jour les restes de plusieurs Néandertaliens. L'un d'entre eux reposait sur des branches de pin parsemées de plusieurs espèces de fleurs de prairie (des pollens fossiles nous racontent ce joli rite funéraire).

Des tombeaux géants : les dolmens

Les dolmens sont des pierres énormes agencées en forme de table. Les corps étaient déposés dans cette sorte de chambre funéraire. À l'origine, ces tombeaux-dolmens étaient recouverts de terre et de pierres, formant un « tumulus », ou de pierrailles, formant

---

Le savais-tu ?

Manger son prochain !

Dans un abri-sous-roche à Krapina (Croatie), un groupe de Néandertaliens s'est livré à des pratiques anthropophagiques : le fait de manger son semblable a pu apparaître comme la première façon de lui donner une « sépulture », tout en recueillant et en faisant survivre les qualités du défunt.

---

un « cairn ». Certains tumulus, qui existent encore, peuvent atteindre 120 m de long. À Carnac, la chapelle Saint-Michel s'élève sur une petite colline, qui n'est autre qu'un tumulus préhistorique recouvrant un caveau central entouré de petites sépultures ! Une tombe géante collective datant d'il y a plus de 6 000 ans, soit 2 000 ans avant les pyramides d'Égypte !

Des menhirs de 6 000 ans à la signification mystérieuse

Les hommes du néolithique ont aussi dressé de grandes pierres verticales qu'on appelle menhirs. Lieux de culte, ils s'élevaient vers le sacré et furent sans doute édifiés à la gloire des dieux. Certains mesuraient plus de 20 m de haut pour un poids de plus de 300 tonnes ! En Bretagne, à Carnac, il en existe encore près de 3 000 (la plupart alignés sur plusieurs rangées). En Corse, à Filitosa, on peut voir des menhirs sculptés représentant des visages.

Entrée bien gardée !

Parfois, comme dans certains dolmens de l'île Guennoc (Finistère), une pierre grossièrement taillée, debout à l'entrée de la chambre, figurait une divinité gardienne des morts. Sur ces lieux sacrés, la population venait déposer ses défunts tout au long des générations.

Exemple de dolmen (du breton *dol*, « table », et *men*, « pierre ») encore visible à Carnac.

La vie après la mort chez les pharaons

Les Égyptiens, qui croyaient à la vie après la mort, ont conçu un culte funéraire fondé sur la conservation du corps défunt (momification).

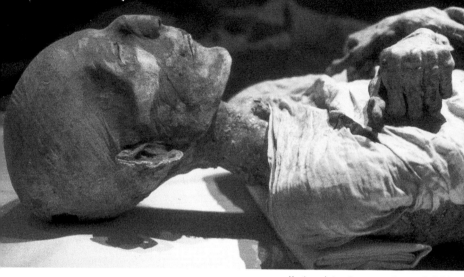

Momie royale égyptienne conservée au musée du Caire.

Le savais-tu ?

Comment compter les morts ?

En l'an 1580 av. J.-C., Ahmosis, prince de Thèbes, attaque et reprend en main tout le pays. Après les batailles, les soldats coupent une main à chaque mort, toujours la même, les mettent en tas et attendent le scribe... qui n'a plus qu'à les compter !

Préparation d'une momie

Les embaumeurs prélèvent le cerveau et certains organes, qu'ils placent dans des vases (canopes). Le corps ainsi vidé est rempli d'herbes puis recousu. Plongé dans du sel – le natron – pendant des semaines, il se dessèche petit à petit. Les embaumeurs l'enveloppent ensuite de bandelettes de lin entre lesquelles ils glissent des amulettes pour protéger le défunt. Ainsi préparé, le corps ne peut plus se décomposer ; le mort pourra donc renaître avec la même enveloppe corporelle. La momie, un masque sur le visage, est placée dans un sarcophage. Enfin, elle est mise au tombeau.

Voyage dans l'au-delà

Des formules magiques sous forme de hiéroglyphes sont peintes dans les tombeaux, y compris dans le sarcophage. *Le Livre des morts*, écrit sur des rouleaux de papyrus, est déposé près de la momie. Une carte de l'autre monde va aider le défunt à vaincre les périls du voyage dans l'au-delà. La dernière étape à franchir est le Jugement, dans la salle des deux justices : le cœur y est pesé pour savoir s'il est lourd de fautes. S'il a été un homme juste, le défunt peut accéder au royaume d'Osiris, dieu des morts.

Les grandes pyramides d'Égypte

Ces tombeaux se dressent dans le désert, à l'abri des inondations du Nil. La première pyramide, à degrés, a été construite à Saqqarah par le célèbre architecte Imhotep (2 630 ans av. J.-C.). Elle forme un gigantesque escalier, et doit permettre au roi Djoser de rejoindre le soleil. Puis apparaît la pyramide à pente continue, qui figure les rayons du soleil. Celle de Chéops mesurait 146 m de haut ! Dans chaque pyramide, plusieurs galeries secrètes mènent à la chambre où repose le sarcophage.

Les trésors cachés de la vallée des Rois

Au Nouvel Empire, les pharaons choisissent de se faire enterrer dans la vallée des Rois, au creux d'une pyramide naturelle formée par la montagne, en face de Karnak (le plus grand site religieux d'Égypte). Dans la salle du sarcophage sont entassés le mobilier, le linge, les bijoux et les insignes royaux. Ce riche trousseau, censé être utile au défunt dans l'au-delà, a excité la convoitise des voleurs. Heureusement, la célèbre tombe de Toutankhamon a échappé aux pillages et nous a livré ses trésors.

Des pleureuses professionnelles

Des pleureuses sont engagées lors des funérailles pour se lamenter aux côtés de la famille. Elles agitent les bras, se couvrent la tête de poussière et pleurent.

L'ouverture de la bouche de la momie

C'est une des étapes les plus importantes du rituel funéraire. Cette cérémonie rend au mort ses facultés humaines. La momie est censée pouvoir manger, boire, aller et venir.

dico

Amulette : objet aux vertus magiques.

Embaumeur : professionnel qui prépare le cadavre pour le protéger de la décomposition.

Funéraire : relatif aux funérailles, aux tombes.

Hiéroglyphe : signe du système d'écriture idéographique des anciens Égyptiens.

Sarcophage : cercueil de pierre de l'Antiquité.

Scribe : fonctionnaire chargé des écritures dans l'Égypte ancienne.

La mythologie, les dieux et la mort

Le mystère de la mort favorise la croyance des mythes. Dès l'Antiquité, les dieux, nombreux et immortels, ont une apparence humaine et ils influent sur le destin des hommes.

Les Grecs et l'immortalité (1400 av. J.-C.)

Les Grecs vénèrent une multitude de dieux. Ils leur attribuent ce qui leur semble mystérieux et leur demandent d'influer sur les événements. Asclépios, le dieu de la médecine, a le pouvoir de ressusciter les morts. Mais le mystère de la mort doit être soigneusement gardé et le cours des choses préservé. Alors quand Asclépios réussit à ramener à la vie Hippolyte, cela provoque la colère de Zeus, qui le tue en représailles.

Les Romains sous la protection des morts (1000 av. J.-C.)

Les Romains enterrent leurs proches et continuent de les honorer après leur décès, en signe de respect et afin de s'attirer leur protection. Pour cela, ils fabriquent des statuettes, les « lares ». Les lares sont les âmes des morts, presque déifiées, qui continuent à vivre sous forme de « génies » dans les lieux où ils ont vécu. Chaque maison a son autel (pour les offrandes et les sacrifices) et ses lares. La fonction de cette croyance est aussi éducative. Celui qui se conduit bien de son vivant mérite d'être commémoré ! Celui qui se conduit mal est oublié !

Le savais-tu ?

Enterrement chez les Romains

On enterre la nuit et en fanfare. Un orchestre de cuivres joue au milieu des cris des pleureuses. On se drape dans des toges noires. Les yeux sont maquillés de noir et de rouge. On se recouvre le visage et les bras de cendres. Des acteurs portent des images du défunt. L'éloge au mort est la *laudatio funebris*.

La bravoure des Celtes (1000 av. J.-C.)

Les druides sont les prêtres des Celtes. Ils enseignent la bravoure ! Les Celtes méprisent la peur de l'ennemi et professent l'immortalité de l'âme (ils croient en un paradis et à la réincarnation). La figure de la mort est représentée par une déesse : la Morrigan. Reine des fantômes, déesse de la guerre, elle apparaît à ceux qui vont mourir au combat ! Les tombes des princes celtes livrent des trésors, et celles des guerriers l'armement de l'époque, char compris !

Les Vikings et le paradis des guerriers (800 apr. J.-C.)

Les Vikings croient en des dieux héroïques et en un lieu paradisiaque, le Walhalla, où les guerriers rêvent de vivre après leur mort. Chaque grand chef est enterré avec son bateau de guerre : le drakkar. Les biens les plus précieux l'accompagnent afin de l'aider à vivre dans sa nouvelle existence. On enterre les pauvres dans un grand trou. Parfois, on brûle le corps des guerriers sur un bûcher.

Funérailles d'un chef viking.

Le sommeil du roi Arthur

Après le combat qui l'oppose au traître Mordred, Arthur est blessé à mort. Il jette dans un lac sa grande épée, Excalibur, et se retire sur l'île d'Avalon où il expire. Des fées veillent sur son sommeil. Un jour, dit la légende, il se réveillera et le monde celtique retrouvera son ancienne vigueur.

dico

Âme : ce qu'il y a de plus intime chez l'homme (ses sentiments, ses pensées) et qui, selon certaines croyances, survit au corps après la mort.

Mythe : histoire extraordinaire qui se passe au commencement de l'univers, qui met en scène des êtres surhumains, et dont personne n'a été témoin.

Réincarnation : migration de l'âme dans un autre corps au moment de la mort.

Toge : vêtement ample et long des Romains.

La mort chez les juifs, les chrétiens, les musulmans

Pour les fidèles d'une religion monothéiste (croyance en un dieu unique), la mort permet d'accéder à un autre monde, éternel : c'est l'au-delà souhaité, le paradis, ou redouté, l'enfer.

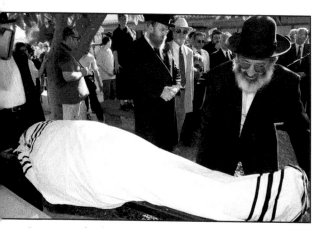

Enterrrement juif (Israël). L'inhumation se fait sans fleurs ni couronne. La pierre tombale est toujours sobre et ne comporte généralement qu'une mention en hébreu.

Les juifs et le respect de la mort

Au cœur de la religion juive, il y a la Torah (la Loi de Yahvé). Les juifs ont un profond respect de la mort et du deuil. Pour eux, rien n'est plus terrible que d'être privé de sépulture : chacun, qu'il soit riche ou pauvre, prince ou esclave, sage ou fou, honnête ou criminel, a droit à un enterrement décent. Dans le judaïsme, la mort n'est pas le terme absolu de la vie. L'âme est immortelle et le corps, si Dieu le veut, promis à la résurrection.

Rites funéraires au temps des Hébreux

On frotte le corps avec des aromates et des parfums. On l'enveloppe ensuite dans un linceul. Le visage est recouvert d'un suaire (voile). Des bandelettes entourent mains et pieds. Au temps du roi Salomon, on enterre le soldat mort avec son épée et son bouclier. Des pleureuses ainsi que des flûtistes accompagnent le cortège funèbre.

Le savais-tu ?

Le jugement final

Le christianisme promet le salut après la mort aux riches comme aux pauvres. Le jugement final est suivi du ciel (royaume de Dieu) ou de l'enfer (royaume de Lucifer).

Les chrétiens et la mort de Jésus-Christ

Les chrétiens croient en Dieu, créateur de l'univers. Le Nouveau Testament raconte que vers 30 de notre ère, son fils incarné, Jésus, est crucifié (cloué sur une croix) par les autorités romaines qui gouvernent la Palestine. Pour les chrétiens, Jésus, en mourant, a lavé les hommes de tous leurs péchés. Trois jours plus tard, il se relève d'entre les morts (il ressuscite, c'est la Pâque) pour instruire ses disciples. Puis il « monte aux cieux » auprès de Dieu, son Père (c'est l'Ascension, 40 jours après Pâque). C'est un sauveur qui a vaincu la mort.

Les musulmans et le temps des funérailles

Pour les musulmans, le Coran, parole du dieu « Allah », guide les principes de vie. Le prophète Mahomet fonde cette religion en Arabie, vers 610 apr. J.-C. Il est dit qu'il y aura un jugement dernier. Les hommes ressusciteront et comparaîtront devant Dieu. Selon leur comportement, ils iront au paradis ou en enfer. Le temps des funérailles et les 40 jours de deuil sont des périodes spéciales. En effet, tout ce qui est fait est important et peut se retourner contre le mort ou celui qui agit. Afin d'être en « état de pureté » pour rencontrer Dieu, les musulmans procèdent à une toilette rituelle des défunts.

dico

Âme : ce qu'il y a de plus intime chez l'homme (ses sentiments, ses pensées) et qui, selon certaines croyances, survit au corps après la mort.

La Mecque : patrie de Mahomet et première ville sainte de l'Islam.

Linceul : toile dans laquelle on ensevelit un mort.

Sépulture : lieu où l'on enterre un corps.

Enterrement musulman (Irak). Chez les musulmans, l'inhumation doit se faire dans les plus brefs délais et jamais la nuit.

Asie et Océanie : la mort, c'est sacré !

Rechercher l'ordre et l'harmonie dans la vie et dans la mort, respecter les valeurs morales et honorer les défunts sont des règles de vie en Asie.

L'Inde et la rive sacrée du Gange

Pour les hindous, l'âme s'incarne plusieurs fois au cours de son périple sur terre ; à chaque fois dans une « enveloppe » différente. Celui qui s'est montré bon dans une existence obtient une meilleure naissance dans sa nouvelle vie. Les hindous pratiquent la crémation. Le vœu de tout hindou est que ses cendres soient jetées dans le Gange, fleuve sacré, ce qui favorise sa renaissance.

Crémation en Inde : le corps est déposé sur un bûcher que l'on allume.

Légende d'Indonésie : les défunts montent au ciel

Sur l'île de Sulawesi, s'étend le plateau montagneux où vivent les Torajas. La légende dit que les Torajas montent de la terre au ciel par une grande échelle.

Aujourd'hui, les proches du défunt escaladent les falaises, grâce à des échelles de bambou, pour atteindre la grotte qui abritera le mort. Ils y déposent, à l'entrée, une statue de bois à son effigie, afin que son esprit veille éternellement sur le village.

Les anciens Chinois et le culte des ancêtres

Pour les Chinois, l'esprit du défunt peut contrôler toute la famille vivant encore. Il faut donc respecter scrupuleusement les rites funéraires et honorer ses ancêtres aux anniversaires par des offrandes. Les enfants doivent porter pendant 3 ans le deuil des parents. Le blanc, et non le noir, en est le signe. Despotiques, les rois de l'ancienne Chine donnaient parfois l'ordre de tuer et d'enterrer avec eux leurs courtisans. Dans la tombe du premier empereur (Qin Shi Huangdi, IIIe siècle av. J.-C.), on a retrouvé une armée de 6 000 guerriers… mais en terre cuite, grandeur nature !

Le tatouage et la mort aux îles Marquises

En Polynésie, le tatouage est une marque sacrée. Il signifie l'existence d'une communication entre le monde des vivants et l'au-delà. Dans certaines îles, les rites funéraires prévoient d'ôter au corps du défunt tout ou partie de ses marques afin qu'il arrive « vierge » dans le monde des ancêtres. Le tatouage protège aussi de la mort. Aux Marquises, les femmes doivent avoir au moins une main tatouée, car elles s'occupent du corps des défunts !

Le savais-tu ?

La grue : oiseau symbolique

En Chine, les funérailles et les rituels sont très importants. Une grue en papier, symbole de l'immortalité, est souvent en tête de la procession funéraire des prêtres. Lorsqu'on la brûle à l'issue de la cérémonie, on dit que l'âme du défunt s'envole sur le dos de l'oiseau vers les cieux.

Le nirvana indien

Bouddha enseigne que les hommes sont appelés à renaître, après leur mort, dans l'un des 6 royaumes de l'existence. Ce royaume dépend de la conduite qu'ils ont eue dans leur vie antérieure : c'est le karma. On peut échapper à ce cycle des renaissances douloureux si on atteint le nirvana (état de béatitude absolue).

Âme : ce qu'il y a de plus intime chez l'homme (ses sentiments, ses pensées) et qui, selon certaines croyances, survit au corps après la mort.

Crémation : action de réduire un cadavre en cendres (incinération).

Funéraire : relatif aux funérailles, aux tombes.

Réincarnation : migration de l'âme dans un autre corps au moment de la mort.

Tatouage : dessin pratiqué sur le corps au moyen de piqûres qui introduisent sous la peau des colorants indélébiles.

Les superstitions des peuples d'Amérique

Sur le continent américain, on pensait que chaque chose contenait un esprit et qu'en mourant on en devenait un soi-même. Ces esprits, il ne fallait pas les fâcher. Pour cela on tentait d'entrer en communication avec eux.

Danse des esprits chez les Indiens

Pour les Indiens d'Amérique du Nord, le paradis est appelé les « terres fortunées de la chasse ». On y passe son temps à chasser le bison et à pêcher le saumon ! Mais le ciel, la terre, les plantes, les oiseaux, les animaux et les rivières abritent aussi des esprits qu'il faut respecter et qui ont des pouvoirs. Pour communiquer avec eux, les Indiens dansent, chantent, prient et se livrent à divers rites religieux.

Les Incas du Pérou sont très superstitieux

Ils vénèrent des lieux ou des objets qu'ils investissent de pouvoirs : les *huacas*. Ce sont aussi bien des temples que des pierres aux formes étranges, des tombes d'ancêtres, des collines, des fontaines, des sources ou des grottes. Des plantes ou des oiseaux sont également considérés comme magiques et habités par des esprits. Le Sapa Inca (l'empereur), maître absolu dans son pays, est dit « fils du Soleil ». À sa mort, il est embaumé et gardé dans le palais où ses proches veillent sur lui. Les simples mortels sont inhumés dans des cavernes ou des fentes de rochers, dans la position du fœtus.

En Bolivie : le crâne de l'ancêtre protège les récoltes

Dans le petit village de Pacollo, dans l'Altiplano, entre 4 000 et 5 000 m d'altitude, les paysans font encore appel à la protection des ancêtres. Lorsque l'orage gronde, les récoltes de pommes de terre sont fortement menacées. Pour éloigner la colère du ciel, on suspend sur la colline, comme le veut la tradition, le crâne d'un ancêtre né durant la saison sèche !

Les Jivaros d'Amazonie : « réducteurs » de têtes

Les Jivaros ont toujours été un peuple très belliqueux. Pourtant, ils craignent la mort ! Sitôt l'ennemi tué, le guerrier jivaro s'empresse de lui couper la tête, où se rassemblent les forces qui pourraient le rendre encore dangereux. Il la plonge dans une décoction astringente, à base de tanin, pour durcir la peau. Il pratique une entaille sur la nuque et retire les os du crâne. Il remplit la peau de sable fin et remodèle le visage. Le rituel prescrit encore de coudre les lèvres du mort pour qu'il ne puisse ni prier ni se plaindre. Cette pratique, interdite, a aujourd'hui disparu.

Têtes réduites. Sort réservé par les Indiens Jivaros à leurs ennemis.

La plus belle pour aller...
Les femmes indiennes sont enterrées dans leur robe de mariée afin d'être convenablement vêtues pour rejoindre le monde des esprits.

dico

Âme : ce qu'il y a de plus intime chez l'homme (ses sentiments, ses pensées) et qui, selon certaines croyances, survit au corps après la mort.

Astringente : se dit d'une substance qui assèche les tissus.

Belliqueux : qui aime la guerre.

Superstitieux : qui manifeste une croyance, mêlée de crainte, à des influences surnaturelles.

Le savais-tu ?

Trophées de guerre chez les Indiens

Dans certaines tribus, le scalp d'un ennemi vaut les plus grands honneurs à celui qui l'a pris. Pensant qu'il renferme l'âme du mort, le guerrier vainqueur croit pouvoir ainsi recueillir et bénéficier de la force spirituelle du mort !

En Afrique : esprits et sortilèges

En Afrique, on vit selon des traditions orales très anciennes. Souvent les populations s'en remettent au monde des esprits pour obtenir aide et protection.

Mali, cérémonie funéraire des Dogons.

Sortilèges et sacrifices

Dans les sociétés animistes, les maladies peuvent venir des vivants ou des morts. Si l'esprit d'un ancêtre n'a pas été assez honoré, il peut se venger ! En quelque sorte, le mort jetterait un sort au vivant ! Aussi, depuis les temps les plus reculés, les hommes ont offert des sacrifices à leurs ancêtres afin de les remercier et de se concilier leur bienveillance. Ces sacrifices impliquent la mise à mort d'animaux (volaille ou bétail).

Prières pour demander à l'aide

De nombreux peuples de tradition orale comptent sur les esprits et les mânes des ancêtres pour apporter le soleil, la pluie et une terre fertile indispensable à leur subsistance. On adresse aussi des prières à ces mêmes esprits pour que les femmes donnent une nombreuse descendance à leur famille. Au Cameroun, en Angola, les jeunes femmes portent sur elles des poupées de fertilité.

Fétiches protecteurs

Pour certains, les reliques (objets personnels ou ossements) de personnages importants détiennent des pouvoirs. Les Kotas du Gabon conservent les crânes et les os de leurs illustres ancêtres dans des paniers placés dans des cases spéciales. On leur fait des offrandes. Ces paniers sont protégés des forces du mal par des fétiches en bois recouverts de laiton. En effet, la surface brillante permet de repousser les mauvais esprits.

Masques rituels et danse des funérailles

Pour certaines ethnies africaines, les masques permettent de personnifier les esprits invoqués lors de cérémonies. Certains masques sont des effigies humaines, d'autres représentent des animaux. Les cérémonies funéraires sont très importantes dans la plupart des ethnies africaines. Ainsi, chez les Dogons, au Mali, les funérailles s'accompagnent de grandes danses masquées et de chants en langage secret. Ce rituel retrace le mythe de l'apparition de la mort sur terre. La levée de deuil (le *dama*) est indispensable pour aider les âmes à passer définitivement dans le monde des ancêtres. Un an après les funérailles, on refait de nouveaux masques et on se lance dans les préparatifs. Pas question d'utiliser de vieux masques !

Âme : voir définition p. 19.

Animiste : qui attribue une âme aux animaux, aux objets et aux phénomènes naturels.

Funéraire : relatif aux funérailles, aux tombes.

Mânes : âmes des morts, considérées comme des divinités.

Mythe : voir définition p. 13.

Placenta : organe reliant l'embryon à l'utérus maternel pendant la grossesse.

Sépulture : lieu où l'on enterre un corps.

Comment fête-t-on les morts ?

Halloween

Autrefois, on croyait que, la nuit du 31 octobre, les âmes des morts et des êtres surnaturels, comme les fantômes et les sorcières, venaient sur terre. On allumait alors des feux et l'on portait des costumes effrayants afin de chasser les mauvais esprits ! Cette fête provient d'une ancienne tradition celte.

Elle est surtout célébrée aux États-Unis, au Canada, et maintenant en France. Les enfants décorent les maisons et se déguisent pour faire peur aux voisins. À la tombée de la nuit, ils vont de porte en porte en disant : « Un sort ou un bonbon ! »

La Toussaint

C'est une fête chrétienne. En France, on célèbre Dieu et tous les saints le 1er novembre : le jour de la Toussaint. On fête les morts le 2 novembre : le jour des morts. Ce sont les vivants qui visitent les morts pour les honorer. On porte des chrysanthèmes sur la tombe des disparus.

Le jour des Morts au Mexique

Cette fête établit un lien entre les morts et les vivants. On dresse des autels. On va dans les cimetières. On adresse des prières aux âmes des ancêtres pour qu'ils reviennent parmi les vivants le temps d'une seule nuit ! Les tombes sont décorées de fleurs, de bougies, de crânes en sucre. On prépare les plats préférés des défunts pour leur souhaiter la bienvenue ! Les vivants profitent aussi du festin ! Date : 1er et 2 novembre.

La mort vue par le cinéma

Blanche-Neige et les sept nains, dessin animé de Walt Disney (États-Unis, 1937).

Blanche-Neige dans son cercueil de verre, veillée par les 7 nains.

Casper, film de Brad Silberling (États-Unis, 1995).

Kat, 13 ans, s'installe avec son père dans un manoir… hanté ! Casper, un gentil fantôme, devient son ami.

Ponette, de Jacques Doillon (France, 1996).

Ce film évoque le désarroi d'une fillette après la mort de sa maman.

La mort, c'est naturel !

Tout naît et tout meurt ! Toute vie a un commencement et une fin. Une fleur, un arbre, un animal, un humain naît, grandit et meurt. On peut dire : nous mourons parce que nous vivons !

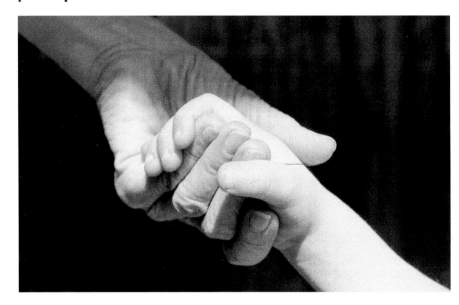

Le cycle de la vie

On sait que quelque chose est vivant quand il se nourrit et se reproduit. La pierre, elle, ne fabrique pas d'autres pierres ! C'est le monde de la matière comme le sable, l'or ou les planètes. Le monde des vivants, c'est le monde des êtres humains, mais aussi des plantes et des animaux. Pour vivre, la plupart des vivants se nourrissent d'autres vivants. C'est-à-dire qu'ils les « tuent » pour se nourrir ! C'est le cycle de la vie.

La valeur de la vie

Toutes les vies ont une valeur. Mais la vie humaine est différente des autres vies ! Vivre, chez les hommes, c'est parler, écouter, lire, aimer, danser, pleurer, éprouver des émotions… L'être humain est être de langage et de conscience. Il est responsable de sa vie. Il a des droits et des devoirs. Par exemple, la loi interdit de tuer quelqu'un ! L'être humain a une personnalité. Quand une personne meurt, on a le souvenir de ce qu'elle était. La trace de sa mémoire, son âme, reste présente en nous.

Comment on meurt ?

La matière ne meurt pas. Mais les hommes, oui ! On ne meurt pas seulement quand on est vieux, ou en fin de vie. On peut mourir jeune. On peut mourir d'une maladie très grave. On peut mourir d'un accident. Certains meurent à la guerre. D'autres décident d'arrêter de vivre : c'est le suicide. Certaines personnes très malades, pour lesquelles il n'y a aucun espoir de guérison, et qui souffrent, demandent à mourir. La mort est alors une délivrance !

La durée de la vie

Les hommes et les femmes vivent de plus en plus longtemps. L'espérance de vie à la naissance est la durée moyenne de vie restant à vivre. En 1900, l'homme vivait en moyenne jusqu'à 45 ans et la femme jusqu'à 50 ans. En 2000, on est passé à plus de 75 ans pour l'homme et presque 82 ans pour la femme. Mais ce ne sont que des moyennes ! La doyenne de l'humanité, Jeanne Calment, est morte à l'âge de 122 ans !

Gardons le moral !

Voudrions-nous être immortels ? Imaginons notre planète si la mort n'était à la fois loi de la nature et loi de l'histoire… Elle serait surpeuplée ! Et qui aurait envie de croiser dans la rue le *Tyrannosaurus rex*, le plus célèbre des dinosaures ? Par ailleurs, savoir qu'on va mourir donne un sens à la vie, qui devient ainsi plus précieuse !

Âme : ce qu'il y a de plus intime chez l'homme (ses sentiments, ses pensées) et qui, selon certaines croyances, survit au corps après la mort.

Le savais-tu ?

Record de longévité

La longévité, c'est la durée de vie qu'on peut observer pour une espèce. Certains papillons ne vivent que quelques minutes. L'éphémère (un insecte) ne vit que 1 ou 2 jours maximum. La mouche vit quelques semaines. L'éléphant et le corbeau peuvent vivre jusqu'à 70 ans. Des perroquets ont vécu plus de 100 ans ! Mais le record de longévité revient à la tortue géante terrestre, qui peut vivre jusqu'à 150 ans !

D'où vient cette souffrance à la mort d'un proche ? La mort est une réalité et elle est irréversible mais on ne s'y fait jamais.

Absent pour toujours ?

Celui qui meurt est désormais absent pour toujours. Aucun retour n'est possible. On a peur de la mort car on a peur de perdre les gens que l'on aime. L'absence de quelqu'un qu'on aime est insupportable. On souffre de ce manque. On se sent seul. Quand un être humain meurt, c'est son corps qui meurt. Une part de lui continue d'exister à travers le souvenir que l'on en a. C'est pour cela que depuis toujours, par le biais des religions et des croyances, les hommes ont cherché à montrer qu'il y a de l'éternel !

La mort, c'est mystérieux et fascinant !

On peut tout imaginer sur ce qui se passe après la mort. Que l'âme va renaître dans un autre corps, que le paradis existe et que l'on s'y retrouvera tous. Certains imaginent que leurs parents disparus reviennent les protéger ou leur porter secours. En Inde, quand on brûle un corps, on ne doit pas pleurer pour ne pas troubler l'âme qui part. Chez les catholiques, c'est la messe qui permet de demander à Dieu d'accueillir le mort. Même athée, on entretient avec les morts une sorte de culte, on leur rend hommage. On manifeste du respect envers eux.

Le mythe d'Orphée : l'amour et la mort

Personne n'est jamais revenu pour dire ce qu'il y avait après la vie. C'est à cela qu'on reconnaît la mort. Personne ne revient ! Sauf dans les mythes ! Orphée était un poète qui put aller au royaume des Morts et en revenir ! Inconsolable du décès de son épouse Eurydice, Orphée décide d'aller la rechercher aux Enfers et charme grâce à sa musique Hadès, le maître des lieux, qui l'autorise à la ramener. Une seule condition : qu'il ne se retourne pas avant d'être sorti. Hélas, Orphée se retourna pour la voir et elle disparut pour toujours. Orphée n'a pu déjouer la mort, malgré tout son amour !

Faut-il croire aux fantômes ?

Dans la réalité, les vivants ne peuvent pas revoir les morts. Et pourtant on parle de « revenants » et de fantômes ! Il semble que dans la conscience des vivants, certains morts reviennent car on ne leur a pas donné les soins nécessaires à leur mort. Ils n'auraient pas eu de sépulture ou leur mort serait entourée d'un mystère. En fait, ce sont des êtres qui vivent dans notre imagination, rêve ou souvenir.

L'enfer

Pendant des milliers d'années, les hommes ont cru à l'enfer. Ils en avaient des visions très précises de feux, de supplices, de diables.

dico

Âme : ce qu'il y a de plus intime chez l'homme (ses sentiments, ses pensées) et qui, selon certaines croyances, survit au corps après la mort.

Athée : qui nie l'existence de Dieu, de toute divinité.

Mythe : histoire extraordinaire qui se passe au commencement de l'univers, qui met en scène des êtres surhumains, et dont personne n'a été témoin.

Sépulture : lieu où l'on enterre un corps.

Le savais-tu ?

La Faucheuse

Longtemps, en Europe, on a représenté la mort comme une « dame à la faux ». Elle vient faucher les vies, comme on fauche l'herbe ! Les femmes donnent la vie, on peut penser qu'elles donnent la mort ! Mais dans de très nombreux pays, la mort est représentée par un squelette. C'est plus neutre. Et c'est le temps qui a passé, il ne reste plus que les os.

Lui dire au revoir une dernière fois

Les enfants peuvent assister à l'enterrement d'un proche. Les obsèques, obligatoires, sont aussi organisées pour réaliser la mort du défunt. On se sent accompagné par la compassion et les discours des amis.

Voir la personne aimée une dernière fois

Il est important de dire adieu à celui qui vient de partir. Mais il n'est pas forcément nécessaire de voir le corps. Les avis sont partagés. La rencontre avec le corps est, pour certains, une épreuve. Pour d'autres, non. Certains ont besoin de toucher le mort, de le voir, avant de se séparer définitivement de lui. Il faut respecter le choix de chacun ! Mais il est important de dire adieu. On peut donner un dessin que les adultes poseront dans le cercueil, de la part de l'enfant. On peut mettre une fleur sur la tombe en allant plus tard au cimetière.

La préparation du corps

Avant d'enterrer les morts, on les nettoie : c'est la toilette mortuaire ou funéraire. On peut décider de son vivant comment être habillé. Pourquoi ne pas être vêtu dans sa tenue la plus belle, ou dans l'uniforme de son métier, avec ses décorations ? Dans certaines cultures, on se contente de recouvrir le corps d'un linceul. On peut décider de faire des soins de conservation pour préserver le corps quelque temps afin de le présenter au public. Il y a aussi de plus en plus de gens qui choisissent, non d'être enterrés, mais d'être incinérés.

Le savais-tu ?

Être enterré dans son jardin

Si on est propriétaire, on peut être enterré dans son jardin. Il faut que celui-ci soit en dehors de la ville et à plus de 35 m d'une autre maison ou d'un cours d'eau. Il faut l'autorisation du préfet.

Les obsèques

Il est possible de mettre par écrit ce que l'on souhaiterait et d'en avertir ses proches. Cela s'appelle dicter ses dernières volontés. On peut choisir la musique pour la cérémonie, les discours et la façon dont on veut être enterré ou incinéré. La date des obsèques est réglementée. En France, on ne peut inhumer quelqu'un moins de 24 heures après le constat de décès. Mais on ne peut pas dépasser un délai de 6 jours. On peut revêtir des habits de deuil, généralement noirs. Dans certains pays d'Orient (Chine, Japon…), la couleur du deuil est le blanc.

Le recueillement

La cérémonie permet à la communauté des vivants de se réunir en souvenir du défunt. Ainsi, on mesure mieux ce qu'on a perdu avec sa disparition. C'est une façon d'envisager comment continuer sans lui. Il est important d'être entouré quand on a perdu un être cher. Il est important aussi de rendre hommage au mort et à sa famille en allant à l'enterrement d'un voisin, par exemple.

Les religions et l'incinération

La religion catholique accepte l'incinération depuis 1963.
Les protestants l'admettent depuis 1898.
Les bouddhistes, les hindouistes la pratiquent depuis toujours. Les musulmans et les juifs sont résolument contre, comme les orthodoxes.

Lors des enterrements catholiques, après la messe donnée pour le défunt, le corps, déposé dans un cercueil, est amené au cimetière où il va désormais reposer.

dico   *Incinération : action de réduire un cadavre en cendres. Le cercueil est introduit dans un four chauffé à 800 °C. Les cendres sont remises à la famille, qui peut les conserver ou les disperser dans la nature.*

Linceul : toile dans laquelle on ensevelit un mort.

Ta souffrance au fond du cœur

Souvent on ne peut croire à l'annonce de la mort de quelqu'un ! Mais, tout doucement, le deuil se fait et la souffrance laisse la place aux souvenirs.

Le choc de l'annonce

Quand quelqu'un vient de mourir, il y a d'abord le choc de l'annonce, l'intensité de l'émotion. La mort est toujours incroyable et incompréhensible. On n'arrive pas à y croire, même si on sait que l'on meurt tous un jour. Refuser ou douter est un moyen de se protéger face à la violence de l'annonce. On espère que c'est un cauchemar et qu'on va se réveiller le lendemain en retrouvant la personne.

La souffrance

À la mort d'un proche, on souffre terriblement. On se sent perdu, malheureux, seul, inquiet. On est impuissant face à la douleur des personnes que l'on voit pleurer et qui sont tristes. On se pose des questions sur la mort, mais on n'a aucune réponse. Parfois, on a un sentiment de révolte, on trouve que c'est injuste. On aimerait être tout-puissant pour faire revenir celui qui est parti. Mais c'est impossible.

Le deuil peut prendre de longs mois

Le travail du deuil conduit à la prise de conscience que la personne ne reviendra pas et qu'il faudra « faire avec l'absence » et « faire autrement ». Certains fuient pour se protéger, refusent d'en parler, ou font plein de choses pour ne pas y penser. D'autres, à l'inverse, recherchent tout ce qui peut rappeler le défunt.

Les larmes

La nuit, on fait souvent des cauchemars ou des rêves qui font revenir la personne disparue. Le jour, il faut se laisser aller et exprimer sa peine. Les larmes soulagent la tension qui est en nous. Elles aident à faire le deuil. Il ne faut pas avoir honte de pleurer quelqu'un qu'on aimait.

dico *Dépression :* tristesse avec douleur morale ; diminution des facultés.

Fatalité : destinée qui règle les événements. Chose inévitable : la fatalité de la mort.

Travail du deuil : quête de sens, recherche pour comprendre, à la mort d'un proche, ce qui vient de se passer. On parle de « travail » car c'est un vrai travail sur soi-même que d'accepter la mort d'une personne aimée.

Tout cela est normal. Souvent, aussi, on se sent coupable. Quelquefois on peut tomber malade : c'est la dépression. Plus rien ne fait plaisir ! On a peur de l'avenir car rien ne sera plus comme avant.

La vie continue !

Vivre, c'est toujours faire l'expérience de la perte et de la séparation. Après le travail du deuil, on commence à accepter la fatalité. Avec le temps, la peine s'apaise et l'aide de personnes avec qui parler aura été précieuse. Des personnes qui entendent la souffrance ou l'ont expérimentée. La relation qu'on avait avec le défunt n'est pas interrompue. Tout simplement, c'est par la pensée, par le souvenir qu'elle continue. Le comprendre, c'est rassurant. On n'oublie pas ! D'une certaine façon, on peut dire que la personne disparue est vivante au fond de notre cœur, pour toujours.

Les mots et les gestes pour te consoler

Une fois que ta peine est moins forte, tu peux regarder des photos de l'être que tu as perdu ; revoir son visage ou se remémorer les bons moments te fera du bien.

Le savais-tu ?

Une « belle mort »

On dit de quelqu'un qui ne s'est pas vu mourir qu'il a eu une « belle mort ». En fait, il n'y a pas de belle mort. Mais mourir sans souffrir, et sans s'en rendre compte, cela peut sembler plus facile pour celui qui meurt. Pour ceux qui restent, c'est difficile. Ils peuvent manquer de temps pour comprendre ce qui arrive.

Chaque personne en deuil vit la perte de l'être aimé à sa façon. Il n'y a pas de souffrance plus forte ou moins forte qu'une autre. Il est indispensable d'être entendu et écouté.

Comment faire « revivre » la personne décédée ?

Si tu fais quelque chose qui te rappelle beaucoup la personne disparue, c'est comme si elle était un peu avec toi. C'est bien aussi de parler d'elle avec quelqu'un qui l'a bien connue. Cela permet d'apprendre des choses que tu ne savais pas et tu as ainsi le sentiment d'en savoir un peu plus, de la voir, enfin la revoir, autrement.

Les injustices de la vie !

La mort d'un proche est une injustice terrible. Dès que l'on voit autour de soi des gens heureux, on est encore bien plus triste. Alors arrivent des sentiments de jalousie. On se sent envieux des autres qui n'ont pas été touchés par la mort d'un proche, qui ont leur entourage au complet autour d'eux. Pourtant cette expérience, bien que douloureuse, fait partie de la vie. Chacun, à un moment, devra vivre cet événement difficile. Il y a d'autres épreuves qui sont également terribles : la maladie, un accident, des séparations. Enfin, il faut oser parler de ses sentiments négatifs. Il est préférable d'être tristes ensemble plutôt que chacun dans son coin.

Faire le deuil avec un « psy » !

Il est essentiel de pouvoir raconter, exprimer ce qu'on ressent, poser des questions. Si personne n'est disponible pour toi, il est toujours possible d'aller consulter un psychologue. Il prendra le temps de t'écouter sans juger. Quand on est en deuil, il est important de se sentir rassuré et aimé. Or les personnes qui te sont proches ne sont pas forcément en état de le faire. En effet, on risque de ne parler que de la personne disparue sans t'écouter toi. Cela est naturel tant le chagrin est immense.

Autres façons de faire le deuil

Le dessin, le jeu, les contes, les livres sont de bons outils pour t'aider à dire tes émotions. Pour dire adieu à l'être perdu et si tu en ressens le désir, tu peux te recueillir sur la tombe après les obsèques. Et même y déposer une fleur, un dessin ou un simple caillou.

Mort attendue ou mort brutale

Perdre une personne, c'est aussi perdre un peu de son histoire à soi. La difficulté à faire le deuil dépend aussi de ce qui s'est passé avant : les circonstances du décès (mort attendue après une longue maladie ou mort accidentelle brutale). Mais aussi de ce qu'on a vécu avec cette personne, de ce qu'on a eu le temps de se dire ou pas.

L'idée de la mort chez les enfants

Les psychologues disent que l'enfant pense à la mort dès l'âge de 2/3 ans. À cet âge, le cycle vie/mort ressemble au cycle sommeil/veille. L'idée de « plus jamais » n'est pas encore comprise. À partir de 6 ans, un enfant commence à comprendre que la mort est définitive. Vers 10 ans, il prend conscience que la mort touche tous les êtres vivants, donc qu'il mourra un jour.

Tu as lu cet « Essentiel Milan Junior ».
Qu'en as-tu retenu ? Teste tes connaissances.
Attention : parfois plusieurs réponses peuvent convenir.

1 En France, les premières sépultures ont :
A 500 ans.
B 12 000 ans.
C 80 000 ans.

2 Les momies des pharaons reposent dans :
A les pyramides.
B un dolmen.
C la vallée des Rois.

3 Les divinités « lares » protègent les vivants dans les familles :
A des Celtes.
B des Romains.
C des Vikings.

4 Dans quelle(s) religion(s) pense-t-on que l'âme peut se réincarner ?
A Le bouddhisme.
B Le christianisme.
C L'hindouisme.

5 Où vivaient les Jivaros, réducteurs de têtes ?
A Au Pérou.
B En Bolivie.
C En Amazonie.

6 En Afrique, l'esprit d'un ancêtre est protecteur.
A Oui, toujours.
B Non, jamais.
C Ça dépend, car si l'esprit de l'ancêtre n'a pas été assez honoré, il peut se venger.

7 Qu'est-ce qui ne vit pas et ne meurt pas ?
A Les plantes.
B Les pierres.
C Les animaux.

8 À la question : « Existe-t-il une vie après la mort ? », qu'as-tu pu entendre comme réponse ?
A Oui, dans l'au-delà.
B Non, la mort est irréversible.
C Oui, au paradis.

9 Comment prépare-t-on le corps du défunt ?
A On fait une toilette mortuaire.
B On habille le défunt.
C On ne fait rien de spécial.

10 Est-il normal de souffrir à la mort d'un proche ?
A Oui, et on a le droit de pleurer librement.
B Oui, même si on ne peut pas exprimer sa souffrance.
C Non.

Pour t'aider dans ton exposé

Avant de préparer ton exposé, voici quelques conseils.

1 Le choix du sujet

Le thème de la mort te touche peut-être personnellement ? Un élève de ta classe se trouve peut-être dans une situation douloureuse ? Ou tout simplement, tu te poses des questions essentielles sur la vie et la mort. Et c'est normal ! La mort est souvent d'actualité dans les journaux télévisés. Tout comme tu peux avoir vu des films ou avoir joué à des jeux vidéo où la mort virtuelle est mise en scène. Ce sujet mérite donc bien un exposé !

2 Documente-toi

En plus de cet « Essentiel Milan Junior », tu peux lire d'autres livres comme ceux proposés page 36. Ce sont des histoires pour les enfants de ton âge. Elles parlent de la perte d'un être cher. Et c'est très réconfortant de voir comment le sujet est traité. Tu pourras à ton tour parler de ce thème plus facilement après. Cherche aussi dans la presse : tu verras que la mort est présente dans la vie alors même que l'on ne se sent pas concerné.

3 Prépare ton exposé

Tu peux développer un thème en particulier. Par exemple, la mort chez les pharaons. Illustre ton sujet de photos (momies, masques funéraires, tombeaux, sarcophages). Fais-toi des fiches en suivant un plan précis. Tu peux aussi présenter ton sujet en y glissant des informations originales ! Pour cela, lis par exemple certains « Le savais-tu ? » de ce livre.

4 Le jour de ton exposé

Tu peux poser une question qui fait débat : « Que pensez-vous qu'il existe après la mort ? » Les témoignages vont te permettre de retrouver les religions et croyances d'aujourd'hui. Note au tableau les idées avancées et chacun y trouvera sa vérité. Pour terminer, n'oublie pas de parler d'Halloween. Tu feras une « sortie » pleine d'humour ! Si tu sens qu'un de tes camarades souffre de ce sujet sur la mort, propose-lui d'en parler avec toi ou avec un adulte. Tu peux ainsi jouer un rôle important pour le réconforter !

Pour aller plus loin

Livres

Des histoires d'enfants confrontés à la mort

- *Adieu Benjamin*, coll. « Cascade », Rageot, 2001.
- *Adieu Valentin, Comme avant, La Découverte de Petit-Bond, Les Bigarreaux noirs*, Pastel.
- *Au revoir blaireau*, coll. « Folio Benjamin », Gallimard Jeunesse, 2003.
- *Ce changement-là, Oncle éléphant, Pochée, Véra veut la vérité*, L'École des loisirs.
- *Faustine et le souvenir*, coll. « Romans. Cadet », Casterman, 1998.
- *Grand-père est mort*, coll. « Ainsi va la vie », Calligram, 1994.
- *Jamais je ne t'oublierai,* « Lampe de poche-albums », Grasset, 2000.
- *Le Goût des mûres*, coll. « Folio cadet », Gallimard, 1999.
- *Le petit oiseau de Jules est mort*, coll. « Croque la vie ! », Nathan, 2002.
- *Ma maman est devenue une étoile*, coll. « Récits », La Joie de lire, 1995.
- *Mange tes pâtes !*, coll. « Petite poche », Thierry Magnier, 2003.
- *Mon papa où es-tu ?*, L'Harmattan, 2003.
- *Si même les arbres meurent*, coll. « Roman », Thierry Magnier, 2000.

Pour t'aider à comprendre

- *Faut-il avoir peur de la mort ?*, coll. « Brins de philo », Audibert, 2002.
- *La Femme dérangée : la mort*, coll. « Philo », Seuil, 1996.
- *La Mort expliquée à ma fille*, Seuil, 2002.
- *La Mort*, coll. « La vie de famille », Bayard, 2003.
- *La Vie et la Mort*, coll. « Les Goûters Philo », Milan, 2000.
- *Pourquoi on meurt ? : la question de la mort*, coll. « Junior. Société », Autrement Jeunesse.

Film

- *Ponette*, de Jacques Doillon, 1996. Ce film raconte l'histoire d'une petite fille dont la maman est morte.

Numéros utiles

En cas de problème

- **Fil santé jeunes**. Tél. : 0 800 235 236. Appel anonyme et gratuit d'un poste fixe, en France, tous les jours de 8 h à minuit. Les jeunes peuvent confier leurs problèmes et poser des questions.

- **Pour trouver une aide durant son deuil** Vivre son deuil. Tél. : 01 42 38 08 08. 7, rue Taylor 75010 Paris Cette association propose, entre autres, une écoute téléphonique aux personnes en deuil, notamment aux enfants.

Site Internet

- www.vivresondeuil.asso.fr.

Index

A âme   12, 13, 14, 16, 17, 19, 21, 22, 25, 26
au-delà   11, 14, 17

C cimetière   8, 22, 28, 29
croyance   8, 12, 14, 26
culte funéraire   8, 10

D décès   12, 27, 29, 33
défunt   8, 9, 10, 11, 12, 15, 16, 17, 22, 28, 29, 30, 31
deuil   14, 15, 17, 29, 30, 31, 32, 33
Dieu   14, 15, 22, 27
dieux   9, 11, 12, 13

E enfer   14, 15, 27
enterrement   12, 13, 14, 15, 17, 21, 28, 29
esprit   17, 18, 19, 20, 21, 22

F funérailles   11, 13, 15, 17, 21

I immortalité   12, 13, 17, 25
incinération   28, 29

O obsèques   28, 29, 33
offrande   8, 12, 17, 21

P paradis   13, 14, 15, 18, 26

R réincarnation   13, 16

S sarcophage   10, 11
sépulture   8, 9, 14, 21, 27

T tombe   8, 9, 11, 13, 17, 18, 22, 28, 33
tombeau   8, 10, 11

Réponses au quiz

1 C		**6** C	
2 A et C		**7** B	
3 B		**8** A, B ou C	
4 A et C		**9** A et B	
5 C		**10** A et B	

Responsable éditorial : Bernard Garaude
Directeur de collection : Dominique Auzel
Suivi éditorial : Anne Vila
Collaboration : Albane Marret
Correction : Claire Debout
Iconographie : Sandrine Batlle, Chloë Rémy
Conception graphique : Anne Heym
Maquette : Sandrine Lucas
Couverture : Bruno Douin

Illustrations : Jacques Azam
pour les pages : 3 et 6-7

Crédit photo
Couverture : (haut) © Franco Vogt - CORBIS /
(bas) © Getty - Images / (dos) © Jacques Azam

p. 9 : © Felix Zazka - CORBIS / p. 10 : © Patrick
Landmann - CORBIS SYGMA / p. 13 : © Bettmann - CORBIS
p. 14 : © Wolfgang Kumm-STF - AFP / p. 15 : © Françoise
de Mulder - CORBIS / p. 16 : © Rue des Archives
p. 19 : © Rue des Archives - The Granger Collection NY
p. 20 : © Charles et Josette Lenars - CORBIS
p. : 22 © Ariel Skelley - CORBIS (haut), © Frederik Florin -
AFP Photo (milieu), © Humbert Servin - CORBIS SYGMA
(bas) / p. 23 : © Collection Christophel (les 3 images)
p. 24 : © Claudia Kunin - CORBIS / p. 26 : © Rob Lewine -
CORBIS / p. 29 : © Jean-Michel MAZEROLLE - CIRIC
p. 31 : © John Birdsall - BSIP / p. 32 : © Laura Dwight -
CORBIS

Un grand merci à Olivier Douville,
psychanalyste, qui a bien voulu relire
ce livre. P. G.

© 2004 **Éditions MILAN**
300, rue Léon-Joulin,
31101 Toulouse Cedex 9 France
Droits de traduction et de reproduction
réservés pour tous les pays.
Dépôt légal : septembre 2004.
ISBN : 2-7459-1313-1
Imprimé en Espagne.

Derniers titres parus

47. Les mers et les océans
Jean-Benoît Durand

48. L'esclavage ancien
et moderne
Gérard Dhôtel

50. Je veux tout !
Sylvie Baussier

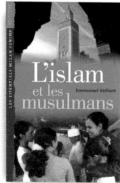

51. L'islam et les musulmans
Emmanuel Vaillant

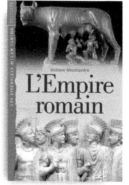

52. L'Empire romain
Hélène Montardre